# PARACH

## (Isaías 35:1)

### Un deboshonal ku lo yuda bo floresé i sali viktorioso for di bo desierto

## *Vivian L. Le Blanc-Fidanque*

PARACH
(Isaías 35:1)
Un deboshonal ku lo yuda bo floresé
i sali viktorioso for di bo desierto

Publiká pa: Saved to Serve International Ministry (SSIM)
Coach: Drs. Luisette Kraal RN MA MS
www. Luisettekraal.com

ISBN: 978-1-960509-27-7

# Dedikashon:

Na tur esnan ku lo bai studia e deboshonal aki, i ku kisas por rekonosé nan mes den un òf mas sekshon.

Esnan ku lo tuma un òf mas stap, pa bai mas leu den e desierto, pa wak profundamente paden, i tuma pasonan konkreto pa sali viktorioso i floresiendo for di den nan desierto. Lo ta un delisia na momento di yega den e oásis, i ei pruf di e awa fresku ku ta duna bida.

# Gradisimentu:

Na promé lugá na mi Kreador, Señor i Salbador, ku asta promé ku mi a nase, tabata ku mi durante tur etapa di desierto i semper a kana ku mi. Etapanan di drenta sali di desierto a yuda mi komprendé mas detayá Su plan pa mi bida. Danki na tur ku mi a topa na kaminda. Nos lo sigui te ora nos yega e punto final ku lo ta nos oásis.

Danki na mi esposo Glenn, mi yu Laverne, mi Pastornan. Tambe mi coach Luisette Kraal, danki pa bo pasenshi ku mi; danki pa a siña mi hopi di un mundu ku mi no tabata konosé.

Danki na editornan, tremendo trabou! Na tur ku a duna un granito pa e deboshonal aki kristalisá.

Spesialmente danki pa tur orashon!

Mi gratitut di kurason ta pa oportunidatnan ku mi a haña den mi bida te ku awor, pa  e privilegio di por a guia i kana ku hopi den nan desierto, i di bira un persona mas riku pa motibu di e eksperensianan ei.

Ku Dios bendishoná boso kada un rikamente!

Un brasa fuerte!

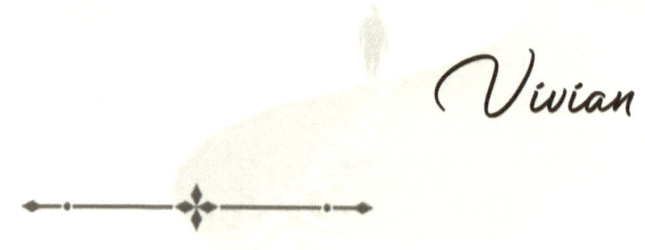

*Vivian*

# Prólogo: Pastor Mayó di Iglesia Bida Nobo, Kenneth A. Thijm

In uw handen hebt u overdenkingen, geschreven door een bijzondere vrouw. Ik ken Vivian al jaren en heb haar leren kennen als een liefhebbend, trouw en volhardend persoon, iemand van wie wij veel kunnen leren. In dit boek neemt ze ons mee op een geestelijke reis door de woestijn en alles wat dit inhoudt, n.l. uitgestrekte vlakten van droogte en eenzaamheid, maar ook verrassende oasen van Gods heerlijke tegenwoordigheid en verfrissing. In dit schrijven blijven wij geen toeschouwers, maar mogen wij met haar meevoelen, meeworstelen en uiteindelijk als overwinnaar tevoorschijn komen. Vivian opent haar hart en gunt ons een blik in haar persoonlijke wandel met God, haar momenten van pijn, verdriet, troost en blijdschap. We zien hoe de God die de woestijn toestaat in ons leven, ons ook daar ontmoet. Het herinnert ons eraan dat de woestijn geen eindstation hoeft te zijn maar een plaats waar de Here ons vormt. God leidt ons door de woestijn en helpt ons niet alleen te overleven, maar om te groeien en te bloeien, om vervolgens sterker en mooier de woestijn uit te komen. Ik denk dat dit boek tot vele harten zal spreken. Moge het u bemoedigen het oude achter u te laten en opnieuw te hopen en te vertrouwen, zelfs in de moeilijkste momenten, wetende dat God zeer nabij is en Zijn plan met uw leven zal vervullen.

Kenneth A. Thijm, Voorganger Iglesia Bida Nobo.

*Apresiabel lektor,*

Ku plaser mi ke duna un splikashon di título di e deboshonal aki.

PARACH ta e palabra na Hebreo ku tin den *Isaías 35:1- Laga desierto i tera seku alegrá, mondi bira kontentu i floresé.*

E ta deskribí e desierto i e tera kimá di solo, marchitá, ku ta bira kontentu, na momento ku e ta bolbe floria i bona. Esaki ta prepará e tarima pa un futuro kaminda tera seku sin fruta lo bira vibrante i fértil atrobe. E ta un símbolo di Dios Su grasia i renobashon, despues di un sierto etapa di sekura, tambe den nos bida.

- E vishon di transformashon:
  *Isaías 35:1* ta pinta un imágen bibu di un desierto ku ta transformá, bira un paisahe ku ta floresé i bona masha hopi mes; no ta djis un imágen di naturalesa, pero e ta simbolisá e restourashon i renobashon di e pueblo di Dios i nan pais.

- Regosihá i floresé :
  *Isaías 35:1* ta pone énfasis riba e goso i e floresementu ku lo bini komo resultado di e intervenshon di Dios.

- Simbolismo di renovashon:
  Desierto hopi biaha ta representá sekura i difikultat pisá. *Isaías 35:1* komo e símbolo di speransa i restourashon, ta sugerí ku asta den sirkunstansianan di mas difísil Dios Su grasia por i ta vense.

E Palabra PARACH por ser tradusí tambe komo: 'kibra ranka sali'. Den *Salmo 72:7* David a skirbi un orashon ku ta bisa ku den nos dianan di bida nos mester floresé i keda rondoná pa prosperidat. Aki David ta usa e mesun palabra PARACH.

# Kontenido

# Fundeshi di mi Salbashon

*1 Korintionan 3:5-15*
*Boso ta e edifisio ku ta pertenesé na Dios. Di akuerdo ku
e enkargo ku Dios a duna mi den su grasia, mi a basha e
fundeshi manera un eksperto den trahamentu di kas i un
otro hende ta sigui traha riba dje. Pero kada hende mester
tene kuidou kon e ta sigui traha riba e fundeshi ei! Pasobra
e fundeshi ta bashá kaba den persona di Hesu-Kristu i niun
hende no por basha un otro. Tin hende ta sigui traha riba
e fundeshi ei ku oro, plata, piedra presioso, palu, yerba
seku òf kabana. Ma dia di huisio lo eksponé kalidat di nan
trabou. Pasobra e dia ta bini ku kandela i e kandela ei lo tèst
kalidat di tur hende su trabou. Si loke un hende a traha riba
e fundeshi keda sin kima, lo e haña su rekompensa. Si un
hende su trabou kima, e persona ei lo pèrdè su rekompensa,
ma e mes lo keda salbá, pero na manera di bisa ku huma di
kandela na su kurpa!*

Hesus Abo ta e fundeshi di mi salbashon;
I si Abo ku ta asina presioso ta e fundeshi,
Kon anto ami lo sigui traha riba e fundeshi ei,
Ku material ku no ta bale la pena?

Hesus Abo ta e fundeshi di mi salbashon;
I si Abo ku ta asina presioso ta e fundeshi,
Lo mi no por sigui traha riba e fundeshi ei,
Ku  palu, yerba seku òf kabana.
Esta material ku no ta bale la pena.

Hesus Abo ta e fundeshi di mi salbashon;
I si Abo ku ta asina presioso ta e fundeshi,
Lo mi tin gana di sigui traha riba e fundeshi ei,
Ku oro, plata, piedra presioso,
Esta material ku sí ta bale la pena.

Hesus Abo ta e fundeshi di mi salbashon;
I si Abo ku ta asina presioso ta e fundeshi,
Lo mi no deseá pa e dia di huisio,
Lo tin palu, yerba seku òf kabana,
Ku lo no por pasa e tèst di kandela.

## MI DEBOSHON PERSONAL:

Kerido Lektor,

- Ora bo lesa e poesia akí, kiko ta drenta den bo mente?

(Skirbi bo kontesta)

Bo tabata sa ku bo mester konstruí bo bida riba un fundeshi fuerte? Esta, riba e Baranka ku ta Kristu Hesus, i no riba santu ku bientu i laman ta lastr'é bai kuné?

Si bo tin un Beibel lesa: Mateo 7:24-25 i meditá den kietut riba esaki.
Lesa tambe 1 Korintionan 3:5-15.
Despues ku bo a lesa i bo a pensa un ratu den kietut, skirbi kiko ta bo pensamentunan tokante esaki. Sea honesto i skirbi tambe, unda abo ta pará den esaki?

# Sanashon di Paden
### (Un Orashon)

O Señor, Abo ta Esun ku a krea mi,
Tímidamente i maraviosamente.
Bo a forma mi, pues Abo so sa di ki tera mi ta trahá;
I abo so ta kapas pa hasi di mi bida algu bon formá.
Kriatura Nobo Bo ta bisa ku mi ta,
For di dia mi a nase di nobo, mi sa ku mi ta.
Pero pakiko anto ainda tin un kònòpi den mi kurason?
I mi ta sinti straño meimei di hende sin ningun rason?
Por fabor Hesus Abo ku ta Sanador Divino,
Hasi di mi un 'kriatura nobo' berdadero,
No laga esaki keda na solamente salbashon,
Pero hasi den mi paden kompleto sanashon.
Ken por a bisa ku for di niñes,
heridanan a dal pega di mes?
Sintimentunan ku no mester,
ta eksistí pa motibu di otronan,
ku kisas ya ni sikiera ta eksistí.
O danki Hesus ku ABO ta skucha orashon,
I ku ABO ta e Maestro, ku por trese renobashon;
Den mi PADEN,
Pa asina mi por, pa medio di BO amor,
Hala otronan paden!

14

## MI DEBOSHON PERSONAL:

- Den kua área di bo bida bo a yega di eksperensiá sanashon?
- Kua área di bo bida bo ke pa Señor sana?

Aki nos ta papia di sanashon di paden, di bo kurason, bo sintimentunan.

Bo por papia ku n'E tokante esaki ku bo mes palabranan. Sea honesto si. No skonde nada pasobra ounke bo skonde, E sa mihó ku bo kiko bo tin mester.

Tuma un ratu pa hasi esaki. I skirbi bo eksperensia i pensamentunan.

# 'Snowball Effect'
# Efekto di Bala di Sneu

Bo a yega di tende di esaki tòg? Mi tin sigur.

Metafórikamente un efekto di un bala di sneu ta un proseso ku ta kuminsá for di un estado inisial, un situashon, di masha tiki importansia. Pero e ta keda konstruí riba su mes, i e ta bira mas grandi, mas grave, mas serio. I tambe potensialmente peligroso òf hasta desastroso. E ta bira un sírkulo visioso.

Imaginá bo pará na un distansia i bo ta mira un bala di sneu ta kuminsá lora for di un seru. Miéntras e ta lora bini abou e ta piki mas sneu bai kuné, e masa di sneu ta bira mas grandi i mas pisá. I mas pisá e bira, mas haltu su velosidat ta bira, mas duru e ta lora bini abou...E tin chèns di lora sigui bai sin mishi ku nada, pero e tin chèns tambe di dal kontra algu i keda aplastá na nada, i kisas esei no ta sosodé sin ku e ta okashoná daño.

Mi ke sa ku bo sa na unda mi ke bai no?

Si esei mes!

Asina ta ku piká.

Piká ta kuminsá ku un pensamentu.

Un simpel pensamentu.

Esaki ta hiba na e echo mes. E resultado ta, ku pago di piká ta morto...manera Beibel ta bisa nos.

Sea bo ta un Kristian òf nò, piká nunka lo trese alegria,

dicha, satisfakshon pa semper. Kisas pa un ratu.

Pero despues e bashí, e sintimentu di kulpa, e sintimentu di a faya ku Señor, e sintimentu di ta leu for di djÉ, e sintimentu di bèrgwensa, e sintimentu ku bo a bolbe faya, e sintimentu di lucha den bo paden.

E sintimentu di miedu di enfrentá Señor asta pa un biaha mas, pa pidiÉ pordon.

*Romanonan 6:23-Pero e regalo ku Dios ta duna ta bida eterno, ku nos por haña den nos Señor Kristu-Hesus.*

## MI DEBOSHON PERSONAL:

- Bo tambe a yega di eksperensiá e efekto di e bala di sneu akí?

Pensa i meditá den ki área di bo bida bo por apliká loke bo a kaba di lesa.

Skirbi bo pensamentunan.
Hasi orashon si bo ta deseá pa Dios kambia sierto kosnan pa bo, ku tin e efekto manera e bala di sneu.

# Kon bo ta Hasi Orashon?

Kon bo ta hasi orashon?
Señor duna mi sabiduria.
Señor yuda mi konfia den bo providensia.
Señor bendishoná mi enemigunan.
Señor bendishoná mi salú.
Señor protehá mi di mi enemigunan.
Señor warda mi di siervonan di e malbado,
i di nan obranan.
Señor duna mi fabor.
Señor yuda mi ta un bon mayordomo di mi
bida pa Bo Gloria.
Señor yuda mi persiguí santidat riba un nivel chikitu
pero tambe riba nivel grandi.
Señor yuda mi pa sinti Bo presensia.
Señor prepará mi kurason.
Señor yuda mi di ta e tipo di Kristian, ku ta kasi
imposibel ku hende por ofendé mi.
Señor laga mi amor pa Bo i Bo iglesia krese.

*(Mateo 6:6)*

## MI DEBOSHON PERSONAL:

Lesa *Mateo 6:9*
Hasi orashon ta: papia ku Dios, meskos ku bo ta papia ku kualke persona. Pero naturalmente riba un nivel diferente.

E puntonan ariba menshoná ta un guia pa bo, tuma kada un i hasi nan bo orashon personal.

Bo por skirbi bo mes orashon.
Òf tambe un otro petishon ku bo ta deseá Dios Su kontesta.

# Salmo 48 - Tempu

*Herusalèm, siudat di nos Dios -Kantika. Salmo di yunan di Korag. 'SEÑOR ta grandi, digno di alabansa den siudat di nos Dios, su seru santu — altura bunita, alegria pa henter mundu! — Seru di Sion, paradero dibino, siudat di e gran Rei. Dios mes a resultá un baluarte denter di su fòrtinan. Pasobra mira, reinan a uni pa sali huntu kontra dje; sobresaltá pa su bista nan a kore bai spantá. Un temblamentu a kohe nan kurpa, manera ansha di un muhé na parto, o manera un orkan di pariba ku ta splèndu barkunan di Tarsis. Tur loke nos a tende nos a mira den siudat di SEÑOR di universo, den siudat di nos Dios: Dios a estables'é pa semper! Nos a rekordá bo fabornan, o Dios, paden di bo tèmpel. Manera bo fama, Dios, bo alabansa ta yega te na skinanan di mundu. Loke ta sali di bo man ta hustu. Laga Seru di Sion ta kontentu i siudatnan di Huda kanta gloria di bo desishonnan hustu. Kana pasa rònt di Sion i konta e torennan ku e tin; paga atenshon na su murayanan, ripará su fòrtinan i konta na tur generashon ku ta bini: 'Mira, asina Dios ta, nos Dios den tur eternidat. E ta nos guia eternamente!'*

Un dia ku mi a lesa e Salmo aki, el a inspirá mi netamente riba e asuntu di

Alabansa i Adorashon, ku ta un tópiko hopi amplio. Hopi biaha nos ta kuminsá den alabansa na un nivel suak. Pero mas nos praktik'é,  mas i mas nos ta mira Dios Su gloria i bunitesa. Mi ta kere ku hopi biaha nos tin problema ku TEMPU. Pero mas tempu nos pasa den Su Presensia mas nos ta bira manera E ta. I nos por move di alabansa bai den adorashon. No ta tur biaha nos mester bai den presensia di Dios solamente ku nos kehonan, nos petishonnan, pero mas nos bai ku gradisimentu, bis'É kon grandi E ta, igual ku su obranan ta grandi, e ta deleitá den esei.

Tuma Tempu....

## MI DEBOSHON PERSONAL:

Tuma tempu un ratu, sea ta kantando un kantika, bo mes ta kanta un kantika, òf bo ta skucha músika, òf un alabansa ku bo ta gusta.

Tuma tempu lesa Su Palabra i no wak riba bo oloshi, ni riba bo telefòn, pero tuma un ratu pa bo pasa tempu ku Hesus.
Skirbi bo eksperensia. Kualke pensamentu ku bini den bo mente, skirbi nan.

- Lo bo ke traha mas riba esaki? Lo bo ke tuma mas tempu den Dios Su Presensia? Tur dia?

# Un Kabuya di Tres Trensa lo No Kibra

Kada trensa tin forsa di su mes,
pero ora e trensa bira débil,
su sosten ta bini di e otro trensa,
i huntu e dos trensanan ei,
ta kompletá nan forsa den Hesus.

*Predikador 4: 7-12*
*Tambe mi a mira un otro ilushon: un hende ku tabata kompletamente so, e no tabatin yu, asta e no tabatin famia. Tòg e no a stòp di mata kurpa i preokupá, nunka e no tabata satisfecho ku su rikesa. E tabata puntra su mes: 'Ma ta pa ken mi ta mata kurpa i keda sin permití mi mes plaser?' Esei tambe ta ilushon i kos di desaprobá. Preferibel dos hende huntu, ku un hende so, pasobra huntu nan ta gosa mas di nan trabou. I si un di nan dos kai, e otro ta yud'é lanta. Pero malu pa esun ku kai ora e ta so, pasobra no tin niun hende pa yud'é lanta. Si boso dos drumi huntu, boso ta duna otro kalor; un hende so ta sinti friu. Por dominá ún hende, pero dos hende lo por duna resistensia. Ademas un kabuya iflèktu tres biaha no ta kibra fásilmente.*

Den Skritura, 'tres den unu' ta aparesé vários biaha. Por ehèmpel, Dios komo Tata, Yu i Spiritu Santu. I e ser humano komo spiritu, alma i kurpa. Un trinidat, ku ta simbolisá un forsa masha grandi mes, ta keda ilustrá den Predikador 4:7-12, esta ku un kabuya iflèktu tres biaha no ta kibra fásilmente.

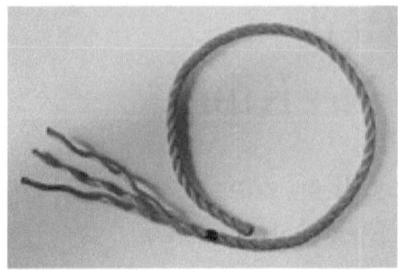

Mayoria biaha kabuya pa uso diario ta konsistí di tres trensa. Un trensa ta konsistí di vários fibra di hemp, òf awendia hopi biaha di plèstik. Ta drai tres di e trensanan aki huntu pa forma un kabuya, manera e plachi aki ta ilustrá, i e tres trensanan aki ta sòru ku e kabuya ta fuerte i stabil.

Un kabuya trahá ku dos trensa no ta stabil (e renchinan riba e potrèt ta ilustrá trensa, ku ta konsistí di vários trensa individual.)

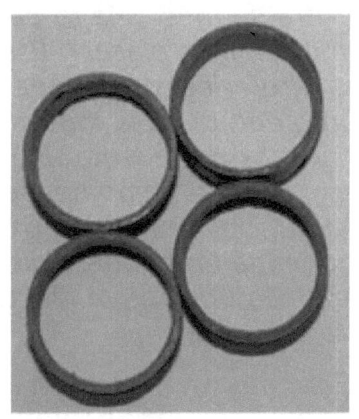

Tambe si tin kuater trensa e kabuya no ta stabil. E kuater trensanan lo bai skùif riba otro, pa asina tres pega na otro, i e di kuater ta keda na banda. Un kabel ku tin kuater trensa lo ta solamente stabil, si pone un núkleo sólido meimei.

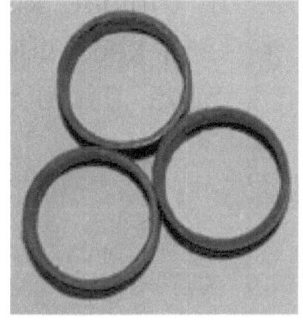

Ora drai tres trensa huntu ta krea un kabuya, kaminda e trensanan ta primi firmemente kontra di otro. Ta imposibel pa ranka un trensa saka for di e kabuya. Mas grandi e tenshon riba e kabuya ta, ora ku hal'é, mas firme e kabuyanan ta primí kontra otro. E kabuya aki, ku tres trensa mará den otro, lo no kibra fásilmente.

Un kuèrdè tripel, òf un kabuya di tres trensa, ta un bunita imágen di un trinidat ku no por kibra fásilmente.

# MI DEBOSHON PERSONAL.

E parti aki ta hopi importante si nos mira esaki den e lus di un matrimonio.

E ta simbolisá un hòmber i un muhé ku Dios mes komo nan guia i sosten, esei ta masha importante, durante tur e dianan di nan bida matrimonial.

Bo ta kasá?

Den kua parti, bo ta deseá pa Señor topa ku bo i drecha òf kambia sierto kos? Sea ta den bo mes òf den bo esposo/esposa?

I si bo no ta kasá ainda, bo ke kuminsá hasi orashon pa esaki? Tuma tempu pa esaki. Mes tantu tempu ku bo ta haña nesesario.

No mester ansha riba e tópiko aki. Si bo ta kasá, kisas abo i bo pareha por hasi e deboshon aki huntu.

Skirbi bo pensamentu i inkietut.

# A Simple Cross

*Isaiah 53:1-12*

*Who has believed our message and to whom has the arm of the LORD been revealed? He grew up before him like a tender shoot, and like a root out of dry ground. He had no beauty or majesty to attract us to him, nothing in his appearance that we should desire him. He was despised and rejected by mankind, a man of suffering, and familiar with pain. Like one from whom people hide their faces he was despised, and we held him in low esteem. Surely, he took up our pain and bore our suffering, yet we considered him punished by God, stricken by him, and afflicted. But he was pierced for our transgressions, he was crushed for our iniquities; the punishment that brought us peace was on him, and by his wounds we are healed. We all, like sheep, have gone astray, each of us has turned to our own way; and the LORD has laid on him the iniquity of us all. He was oppressed and afflicted, yet he did not open his mouth; he was led like a lamb to the slaughter, and as a sheep before its shearers is silent, so he did not open his mouth. By oppression and judgment he was taken away. Yet who of his generation protested? For he was cut off from the land of the living; for the transgression of my people, he was punished. He was assigned a grave with the wicked, and with the rich in his death, though he had done no violence, nor was any deceit in his mouth. Yet it was the LORD's will to crush him and cause him to suffer, and though the LORD makes his life an offering for sin, he will see his offspring and prolong his days, and the will of the LORD will prosper in his hand. After he has suffered, he will see the light of life and be satisfied; by his knowledge, my righteous servant will justify many, and he will bear their iniquities. Therefore I will give him a portion among the great, and he will divide the spoils with the strong, because he poured out his life unto death, and was numbered with the transgressors. For he bore the sin of many and made intercession for the transgressors.*

One day I saw a simple cross,
And I said to myself: What an ugly thing!
Who would put two pieces of wood together like that?
How ugly!

But then... Then ...
When I was in fellowship with the Lord He Himself
showed me,
That indeed He was despised of men,
And that He on that cross was not to be
looked upon with beauty,
I then saw His deformed face, which once shined love,
I saw His powerless arms,
which once healed and raised the dead,
I saw His bruised and pierced side,
to which He held the disciple He loved,
I saw the feet nailed across on that wood,
which walked across the land with Good News.
And then....only then....
When I was in fellowship with the Father,
I could see that indeed,
He used two ugly pieces of wood,
to show me the beauty of the cross,
The beauty that God Himself,
created in these two pieces of wood.

# MI DEBOSHON PERSONAL:

*Filipensenan 2:8*
*El a humilia Su mes i a bira obedesidu te na morto, si morto na krus.*

- Kiko e krus ta nifiká pa mi?
- Hesus a muri riba e krus pa mi! Kiko esei ta nifiká?

Reflekshoná i skirbi.

In my Spirit I will glorify the Lord;
Through my healed soul I will reach out to others;
And  my body is no longer earthly bound;
But with it I will work for the Lord of the Harvest.

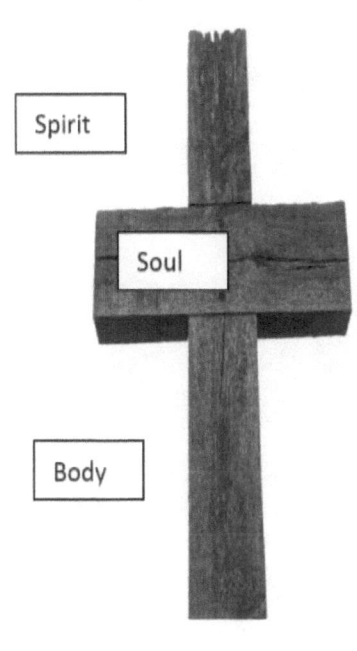

Spirit

Soul

Body

# Work Results?

World work - World results
Church work - Church results
Kingdom work - Kingdom results

# MI DEBOSHON PERSONAL:

*Lesa Huan 14:12*
*Mi ta sigurá boso: esun ku kere den Mi, tambe lo hasi*
*obranan ku MI a hasi i asta obra mas grandi ainda...*

Ora mi lesa esaki, mi ke meditá riba mi trabou(nan). Den kada área di mi bida, ki resultado mi trabounan tin? Mi trabounan mes, ki resultado mi tin ku nan? Mi ta satisfecho ku nan? Mi ta duna tur loke mi por i tur loke mi ta, pa mi trabou ta eksitoso, i keda hasí ku dedikashon? Òf mi ta duna djis un parti i traha djis pa mi gana sèn? Mi ta agradesido ku mi tin trabou? Mi ta ehersé mi talentonan den mi trabou? Anto si mi ta usa mi talentonan pa mi gana mi pan di kada dia, mi ta dediká 100% na esaki? Asta ora ningun hende ta mira mi?
I si mi tin sierto tarea den Iglesia, kon mi ta ehekutá esaki. Ku alegria i delisia den mi kurason òf ku murmuramentu?
Pensa i skirbi.

31

# FIRST CORINTHIANS THIRTEEN
## ONE TO EIGHT

**F** or the first time I felt what it meant to be loved,

**I** n my heart the gap that I had has been covered,

**R** eal charity, not mere words, not just superficial knowledge,

**S** oothing, healing, the real heart of mine emerged,

**T** hrough the Love of God, Who made me acceptable and saved!


**C** hrist has been so longsuffering with me!

**O** h how kind He was when pulling me!

**R** eason to be envied I had not!

**I** knew right then that seeking His own He was not!

**N** o, not even easily provoked He was,

**T** hinking not of the evil to which hooked I was,

**H** e surely did not rejoice in my iniquity,

**I** nstead wanted His truth to be mine quickly.

**A** nd knowing that He already did bear all things,

**N** eeded to endure all things,

**S** ought He me with His ever-loving heart!


**T** eaching me daily now He is, in the school of love,

**H** e is teaching me the mysteries of His heavenly tongue,

**I** may now learn not to be a sounding brass,

**R** emove mountains with faith and love I may,

**T** he gift of prophecy which love exercises I may,

**E** ven understand mysteries and have knowledge I may,

**E** ven bestowing my goods to the poor I may,

**N** eglecting to accompany all this with LOVE I MAY NOT!

**O** nly Jesus' Love,

**N** eed I have in my heart, soul and mind,

**E** ven if they might burn this body of mine.

**T** ake this whole being of mine,

**O** Lord, and make me more like You!

**E** ager to show them how first I was,

**I** n sin, darkness and dryness,

**G** ive me all the ingredients Your love contains,

**H** eap up in me your fiery coals of love,

**T** hat I may draw all I meet to your ever-loving heart.

## MI DEBOSHON PERSONAL:

Mi ke lesa esaki ku hopi atenshon i pon'é den práktika den mi bida, tur momento di mi bida, den tur área di mi bida, i unda ku mi bai.

E versíkulonan aki ta kontené vários punto ku nos por pone atenshon na dje den nos bida diario, den nos trato ku otro persona, den nos famia, nos koleganan, i sigui menshoná. Skirbi un orashon di bo mes tokante esaki.

# JOY

**J** esus
**O** thers
**Y** ou

## MI DEBOSHON PERSONAL:

*Salmo 30:1*
*Bo a kambia mi luto na balia, Bo a kita mi paña di rou, kaba
Bo a bisti mi di fiesta.*

- Kiko goso ta nifiká pa mi?
- Ki ora mi tin goso?
- Ki ora mi ta pèrdè mi goso?
- Mi ta kompartí mi goso ku otro?
- Mi tin Hesus den mi bida, mi ta enfoká riba otro hende, kiko esei ta hasi ku ami personalmente?

# Prayer

Lord let me die, so Jesus can live in me.
Lord cleanse me by the Blood,
So that I can be clean and walk with you.
Lord fill me with your Spirit.
Lord lead me by the Spirit.
Lord USE ME TODAY!

## MI DEBOSHON PERSONAL:

Skirbi e orashon ku bo tin riba bo kurason, hasi manera bo ta skirbi Dios un karta.

# Gesprek Tussen een
# Grote en een Kleine Kaars

Grote kaars: Hoe kan ik ook branden? Even mooi licht verspreiden zoals jij?

Kleine kaars: U moet naar mij toe komen en over mijn vlam buigen met uw lont, en dan vindt de ontsteking plaats.

Grote kaars: Ja maar, kijk, het vlammetje gaat al uit.

Kleine kaars: Dat komt omdat de lont tot in uw hart moet gaan gloeien.

Grote kaars: Oh! Maar kijk dan toch!! Ik ben aan het smelten en aan het krimpen!

Kleine kaars: Als U wilt branden dan moet u ook kleiner willen worden.

## MI DEBOSHON PERSONAL:

Lesa: *Salmo 37:6-Lo E pone bo hustisia bria manera dia kla i bo derecho manera lus di mèrdia.*

Pregunta pa bo kontestá:
- Mi ta bria pa Hesus?
- Kiko ta stroba mi di bria p'E?

Mi ta dispuesto pa humiá i bira mas chikitu pa Señor krese den mi bida?
Lesa tambe: *Juan 3:30*

# ME, MINE, MYSELF

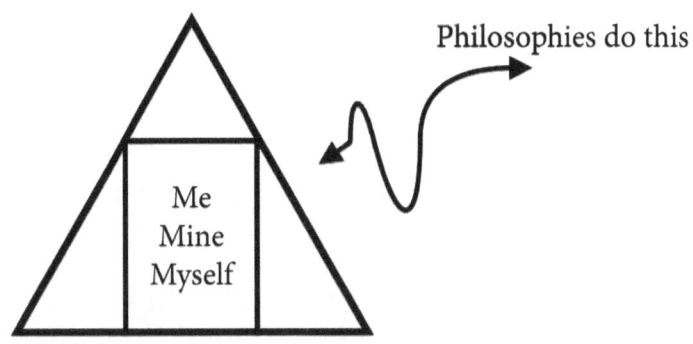

The focus is on YOURSELF AND YOU ALONE
Jesus said:  Humble yourself
SERVE THE OTHER

# MI DEBOSHON PERSONAL:

- Mi enfoke ta riba mi mes den loke ku ami ta pensa òf hasi?
- Mi enfoke ta riba loke ta di mi?
- Mi enfoke ta riba ami, ami, ami, i tur loke ku ta drai rònt di AMI?

Lesa:
*Mateo 7:15, Galationan 1:8, 1 Juan 4:1, Kolosensenan 2:8, 2 Timoteo 3:5, 2 Timoteo 4:-4.*

Ta bon pa bo pasa den esakinan durante henter un siman, òf asta mas ku un siman. No tin purá. Tuma bo tempu. E deboshonal aki ta di bo, pues bo no ta mará na nada, ni na tempu pa pasa den esaki. Asta lo ta bon si despues di un tempu bo bolbe skirbi, pa asina mira kiko a kambia òf no, i kiko ainda por traha riba dje. Skirbi pensamentunan i kiko bo a siña.
Un punto importante ta:

- Mi ta saka informashon for di otro fuente en bes di saka mi siñansanan di Beibel?
- Awor, di unda mi ta risibí informashonnan (ku kisas no ta Bíbliko i asta kontra Dios) ku mi ta basa mi bida riba nan?

42

# Desert Life

Walking in the desert,
No water,
Slavery, chains, prison,
No water well,
Drawn back.
No water. No water! No water!!
All of a sudden ..!
WATER WATER!!
But still ...even drinking with closed eyes,
The journey through the desert gets better and better.

## MI DEBOSHON PERSONAL:

Lo tin dianan di desierto den nos bida. Dianan di sekura.
Pero Señor ta primintí nos ku lo tin awa fresku pa nos bebe.
Lesa i meditá riba *Salmo 23 i Salmo 91*
Skirbi bo pensamentunan i orashon.

# Leprosy

When you meet a leper*
Do not stone him,
But embrace him!
Pull him close to your heart!
Draw him close to you!
Tell him you love him!
Show him the way to Jesus!
Show him Christ through you!!

*(sinner)*

## MI DEBOSHON PERSONAL:

- Kon mi ta trata hende rondó di mi ku no ta manera ami?
- Òf kon mi ta trata hende ku mi no gusta mashá?

Skirbi bo pensamentunan i kiko lo bo ke pa kambia den esaki.
Lesa *1 Korintionan 13* kompletu

# Profundidat òf Falta di Profundidat?

Esaki ta kuminda pa nos pensamentu:
Pa motibu di falta di profundidat den awa, ta eksistí
fluktuashon grandi di temperatura.

Falta di profundidat por ta:
Den mi  karakter, si mi no tin un bon bista den algu,
Si mi pensamentunan no ta serio.
Awe mi ke pidi Señor,
Duná mi profundidat di anhelo pa sirbi E;
Profundidat di deseo pa ta den Su presensia;
Profundidat di hamber pa lesa Su Palabra;
Profundidat di kurashi pa laga Su kamindanan forma mi;
Profundidat di komunion, Ku E i E so!

*Revelashon 3:15-16*
*15.Mi sa tur kos ku boso ta hasi. Mi sa ku boso no ta ni friu ni
kayente! Mare boso tabata friu òf kayente! 16.Pasobra boso
ta lou i no ta ni kayente ni friu, p'esei lo mi skupi boso for di
mi boka.*

## MI DEBOSHON PERSONAL:

- Kon mi ta mira mi mes bida?
- Tin profundidat? Òf mi ta ketu bai riba e mesun nivel i hopi superfisial?
- Dia ku e aña aki kaba mi ta na e mes lugá ku mi tabata aña pasá fin di aña? Mester bin kambio?

Lesa e promé frase di e deboshon i lesa e Skritura un biaha mas. Kon profundo bo ta? I kon bo temperatura (spiritual) ta?

# Integridat
## Kiko pa mi ta Integridat?

Integridat ta: no tarda pa hasi lo korekto.

Integridat ta: habilidat pa dil ku problema.

Integridat ta: pa ta honesto ku bo mes i ku otronan.

Integridat ta: pa ta habrí pa dil ku problema hopi lihé.

Integridat ta: pa no basilá.

Integridat ta: pa no bira bira rònt sin aktua.

Integridat ta: pa no ignorá problemanan ku presentá.


Integridat ta:

Tin un spiritu rekto....

*Salmo 51: 6: Ma Bo ta gusta bèrdat, te den fondo!*
*Salmo 51:10: Krea den mi un kurason, Dios, ku ta limpi,*
*hinka un spiritu nobo i fiel den mi paden.*


Integridat ta sali di paden bin pafó.

- Kiko tin den mi interior?

## MI DEBOSHON PERSONAL:

- Mi ta un persona íntegro? Den sierto área si i den otro nò?
- Ken mi ta ora ningun hende ta mira mi? Den mi kamber sekreto?
- Kiko mi mester kambia den esaki?

# Challenge, Instead of Cuddle

Is not a cuddle the same as to challenge someone?
Well, in a way it is.
But is it always adequate to cuddle without challenging?
An exceedingly difficult and deep question, isn't it?
And also, a very difficult and deep decision sometimes.
Especially when it concerns our children.
Just think about this.
A challenge can be demanding, a challenge can be
testing.
A challenge can be exigent, a challenge can be
exacting.
A challenge can be stretching, a challenge can be
stimulating.
A challenge can be difficult; a challenge can be tough.
And...
A challenge can be
Exciting
Stimulating
Inspiring
Energizing
Inspirational....
Which leads to lots of cuddling, when the one who is
challenged, is able to go through all the above, and on
his/her turn, challenges another person.

## MI DEBOSHON PERSONAL:

Lesa *Revelashon 3:15-16*

Ora bo lesa esaki, sabi ku e intenshon di e deboshon akí ta pa guia bo ku amor den un mihó bida ku Hesus. Ke men sierto preguntanan por ta skèrpi, pero ta netamente pa reta bo pa bai pa un mihó bida ku Hesus.

• Abo ta gusta otro hende reta bo?

# La Noblesse Oblige

"La Noblesse oblige" ta un ekspreshon na Franses for di e tempunan ku e noblenan tabata papia e idioma Franses. E nifikashon ta: ku noblesa ta ekstendé su mes mas ayá ku simplemente un persona su derechinan, pero mas bien, ku kada persona ta kumpli ku responsabilidatnan sosial den su totalidat. Nos por pensa riba un persona ku ta generoso ku esnan rondó di dje. Loke ku no mester ta un obligashon, pero un naturalesa di e persona generoso ei. Nos por pensa riba protekshon di e otro, komportashon honorabel. Responsabilidat den e tempunan aya tabata kana sam sam ku rikesa, poder i prestigio.

Pero esei ta kita responsabilidat for di esnan ku no tin e privilegionan ei?

Awor pensa riba esaki: ... Sa tin biaha ku nos mester para den kibrá di muraya pa un otro?

*Lukas 19:11-27*
*Parábola di e plaka ku a konfia e kriánan kuné*
*1Ta manera un hòmber ku tabata bai di biahe. El a yama su kriánan i a konfia nan su poseshon. Un el a duna sinku mil moneda di oro; un otro, dos mil i un otro, mil. Nan tur a haña di akuerdo ku nan abilidat. Despues e hòmber a bai di biahe. E kriá ku a haña sinku mil moneda, a bai hasi negoshi mesora ku e sèn i el a gana sinku mil aserka. Esun ku a haña dos mil moneda, a hasi meskos i el gana dos mil mas aserka. Ma e último ku a haña mil moneda, a bai koba un buraku den tera i a skonde e sèn ku su shon a dun'é. Despues di un tempu largu, e shon a bini bèk i su kriánan a hasi kuenta kuné. Esun ku a haña sinku mil, a drenta i a entregá sinku mil mas di loke el a haña. El a bisa: "Shon, bo a duna mi sinku mil moneda. Ata aki sinku mil èkstra di ganashi ku mi a haña!" Su shon a bis'é: "Bon hasí! Bo ta un kriá bon i fiel;*

54

*bo tabata fiel den maneho di un tiki sèn, p'esei mi ta duna bo responsabilidat riba kantidat grandi! Drenta, bin kompartí mi legria!" Despues esun ku a haña dos mil a drenta i a bisa: "Shon, bo a duna mi dos mil moneda. Ata aki dos mil èkstra di ganashi ku mi a haña!" Su shon a bis'é: "Bon hasí! Bo ta un kriá bon i fiel; bo tabata fiel den maneho di un tiki sèn, p'esei mi ta duna bo responsabilidat riba kantidat grandi! Drenta, bin kompartí mi legria!" Awor esun ku a haña mil moneda tambe a drenta i bisa: "Shon, mi tabata sa ku bo ta un shon sin mizerikòrdia, ku ta kosechá kaminda e no a planta i ta hunta kaminda e no a sembra. Di miedu mi a bai skonde bo plaka bou di tera. Wak, ata bo plaka!" Ma su shon a rospond'é: "Kriá malbado i floho! Bo sa ku mi ta kosechá kaminda mi no a planta i ku mi ta hunta kaminda mi no a sembra. Awèl, bo mester a kohe e sèn deposit'é na banko, pa ora mi bini, mi por haña mi sèn bèk ku interes! P'esei, kita e mil monedanan for di dje i duna esun ku tin dies mil kaba. Pasobra esun ku tin hopi, lo haña mas i lo e tin asta na abundansia. Ma esun ku no tin nada asta e tiki ku e tin, lo kita for di dje. Pa loke ta trata e kriá inútil ei, tir'é den skuridat profundo; aya hende lo yora i morde djente di doló.",*
*Nota: Un parábola ta un komparashon òf historia kòrtiku i gráfiko ku hende ta usá pa ekspresá un bèrdat mas profundo, hopi biaha spiritual. Den Beibel, Hesus ta usa parábolanan pa siña lèsnan spiritual, religioso òf moral. Un ehèmpel bon konosí ta e parábola di e yu pèrdí (Lukas 15:11-32).*

E tema aki ta unu hopi profundo. Tuma bo tempu di reflekshon riba esaki.

## MI DEBOSHON PERSONAL:

- Kiko mi ta hasi ku mi bida?
- Kiko mi ta hasi ku mi talentonan?
- Kiko mi ta hasi ku loke ku Dios a duna mi?
- Mi ta dispuesto pa para den kibrá di muraya pa un otro?

# For A leader

Avoid prayerlessness,
Avoid pride,
Avoid spiritual laziness,
Avoid physical laziness,
Do what you have to do,
Pick up your task.

Your task sometimes could be,
To soothe crises,
Not to create them.

## MI DEBOSHON PERSONAL:

Hesus mes tabata nos ehèmpel den Su bida di orashon.
Lesa *Mateo 6:6*
Sea ku bo ta un soltero(a), un mama, un tata, un dosente, un doño di trabou, un lider den un organisashon, un mènedjer, den kualke funshon di liderazgo ku bo ta.

- Kua di e puntonan akí bo ta fuerte den dje, i kua di nan bo ta sinti ku bo mester traha riba dje pa mehorá?

Tuma bo tempu nota bo puntonan fuerte i esnan ménos fuerte. Sea honesto ku bo mes.

# Hasi Orashon
# Ora Di Bai Kome

*1 Timoteo 4:4*
*Pues tur loke Dios a krea ta bon i no mester
rechasá nada ku hende aseptá ku orashon
di gradisimentu.*

## MI DEBOSHON PERSONAL:

- Kon mi ta ku e asuntu di ta agradesido? Asta pa e kosnan di mas chikitu?
- Mi ta kòrda pa yama Papa Dios danki semper? Òf algun biaha so?
- Mi por yama danki tambe ora situashonnan ta difísil?
- I Konfia Dios pa Su fieldat semper?

Pensa i skirbi.

# Rikesanan i Tesoronan Di Mundu vs. Rikesanan i Tesoronan Di Shelu

*Filipensenan 4: 11-13*
*Mi no ta bisa asina, pasobra mi ta sinti falta di algu, ya ku den tur sirkunstansia, mi a siña biba ku loke mi tin. Mi sa kiko ke men biba pober i biba den abundansia. Den tur sirkunstansia i tur kaminda, mi a siña kiko ta nifiká kome barika yen òf pasa hamber; di biba den abundansia òf biba den nesesidat. Mi por enfrentá tur kos pa medio di Esun ku ta duna mi forsa.*

Pablo tabata kontentu ku hopi pero tambe ku tiki. P'esei e por a skirbi e palabranan ei.

*Lukas 9: 57-58*
*Na kaminda un hòmber a bin bisa Hesus: 'Mi ke sigui Bo, unda ku Bo bai.' Hesus a kontest'é: 'Zoro tin kueba i para tin nèshi, ma Yu di hende no tin niun kaminda pa E sosegá su kabes.'*

*Mateo 8: 20*
*Hesus a kontest'É: 'Zoro tin kueba i para tin nèshi, ma e Yu di hende no tin niun kaminda pa E sosegá su kabes.'*

Hesus no tabatin ni un piedra pa e pone Su kabes.
Ni tampoko e no tabatin un graf di su mes.

# MI DEBOSHON PERSONAL:

- Kiko abo ta konsiderá bo rikesanan personal?
- Bo ta konsiderá e kosnan material, ku bo tin, komo bo rikesa?
- Òf bo ta presta mas atenshon na e persona ku bo ta, bo karakter, e forma ku bo ta trata bo próhimo, komo bo rikesa?
- Bo ta konsentrá mas riba rikesa terenal òf bo ta traha tambe pa e tesoronan di shelu?

# Un Kristian

Ta aseptá Hesus pa e haña salbashon.

Ta haña deseo pa sirbi Hesus so.

Ta kla pa kumpli ku obranan di Dios.

Ta kla pa keda dòrná ku e karakter di Dios.

Ta prepará pa e Reino di Dios.

*Huan 3:16*
*Pasobra Dios a stima mundu asina tantu ku El a duna Su único Yu, pa tur esnan ku kere den djE no bai pèrdí,ma haña bida eterno.*

Bo a aseptá Hesus kaba pa bo haña salbashon?

Si no ta asina, bo por hasi orashon i bisa Señor ku bo ke hasi esei.

I si bo ta un Kristian, hasi orashon ku e kualidatnan di un Kristian ku tin skirbí ariba.

Nota bo orashon.

# Luna Ta Tapa Solo?

Miéntras ku henter pueblo tabata dilanti televishon, òf na un òf otro lugá pa eksperensiá eklipse solar, miéntras palabranan tabata kai manera: "Nos isla ta bendishoná… naturalesa a duna nos un regalo masha bunita mes… asta tabatin palabranan tokante energia, etc. i vürwèrk tabata bai laira na honor di solo??…."
Ami a kohe mi Beibel (SADB) i mi a habri

*Predikador 1:2-11- 'Ilushon,' Predikador ta bisa, 'puru ilushon, tur kos ta ilushon.'Kiko matament'i kurpa pa kos di mundu ta bal? Un generashon ta muri otro generashon ta nase. Loke ta keda meskos ta mundu. Solo ta sali i solo ta baha. Morto kansá e ta pura bai su punt'i salida pa kuminsá su gira di nobo. Bientu ta supla pa zùit i bira pa nort, lora, lora, pa bolbe kuminsá di nobo. Tur riu ta kore bai laman, pero laman no ta yena nunka. For di kaminda riunan ta sali, ei nan ta bai bèk. Tur kos t'un kansansio, un kansansio indeskriptibel, nunka nos no por mira tur kos, nunka nos no por tende tur kos. Loke a pasa, lo pasa atrobe i loke a keda hasí, lo keda hasí atrobe; no tin nada nobo den e mundu akí. Semper lo tin hende ku ta bisa: 'Esaki sí ta algu nobo!' Pero e kos ei a eksistí kaba siglonan promé ku nos. No tin niun hende ku ta kòrda mas riba e hendenan ku a biba promé ku nos i e hendenan ku lo biba despues di nos tampoko lo no kòrda riba esnan ku a biba promé ku nan.*

I e úniko kantika ku a drenta mi kurason tabata "Grandi Bo ta", di bèrdat tur honor i gloria mester bai na nos Dios i Kreador.

I E so por a inspirá mi pa e siguiente poesia:

Klaridat ta reina den mi bida,
Lus i no skuridat,
Pasobra Hesus ta e Lus di mi Bida.
Mi blachinan ta bèrdè i fresku,
E kayente di kalor di Spiritu Santu,
Ta supla den mi ramanan.
Paranan ta bula kontentu i alegre,
Pa skonde di e kayente meimei di mi takinan,
Nan a bandoná nan nèshi,
Alimento i awa nan ta buska.
Di ripiente...poko poko...
Frialdat...
Un bientu friu i kálido...
Penumbre i poko poko ...skuridat!
Kiko a pasa?
Mi blachinan no ke keda habrí!
Mi ke bai drumi!
Mi amigunan paharito,
No ke keda mas riba mi takinan!
Pero nan ke buska nan nèshi,
Pa nan bai skonde pa skuridat!

66

- Bo ke deskribí kon bo ta pasa oranan di dia?

- Bo ta haña ku bo ta usa bo oranan na un forma efikas?

- Kon bo ta pasa bo oranan di anochi òf mardugá ora bo no por sigui drumi?

# Danki Señor

*Salmo 100:4-5*
*Drenta su portanan ku gradisimentu, drenta su tèmpel*
*ku kantika di alabansa, glorifik'É, bendishoná su nòmber.*
*Bèrdat, esta bon SEÑOR ta! Su amor ta dura pa semper i su*
*fieldat te den siglo di siglonan.*

Danki Señor,
Pa tur loke Bo a krea ku ta bria den mi bida:
Dianan ku solo, bahada di solo briante,
streanan radiante.
Esta un mundu grandi, hanchu, i maravioso Bo a krea!

Danki pa famia i amigunan,
hendenan ku ta trese lus den mi bida tur dia;
Pa esnan ku konosé mi fayonan, pero tòg ta stima mi,
Pa muchanan ku ta sonreí ku wowo grandi,
Tur ta rekordatorio fresku,
ku ainda tin hopi amor riba e mundu aki.
Tambe pa sabiduria di esnan mas grandi ku mi,
Danki pa e loke ku hopi biaha mi a tuma leve,
Un lugá pa biba, paña pa bisti, kuminda,
i tur kos bon ku Bo ta duna.
Danki Señor,
pa e kosnan ku mi ta konsiderá ménos bon tambe,
Pasobra mi sa ku al fin,
nan tambe ta di probecho pa mi.

Muchu hopi pa menshoná...

Mas ku tur kos, Mi ta gradisí Bo pa Bo Yu Kristu Hesus,
Ku ta e Lus di Mundu.
Dia mi a bira bai den Su direkshon,
El a basha'fo e skuridat di mi alma,
I a yen'é ku e Lus di Bo amor.
Danki ku no solamente El a muri pa mi pikánan,
pero ku awe E ta bibu na mi banda,
E ta skucha mi orashon,
i ta prepará un kas pa mi den shelu.
Danki ku El a bini den e mundu aki,
i a tuma residensia den mi bida,
Komo Salbador, Señor i Dios.
Danki pa tur loke Bo a duná mi komo un Kristian:
E Spiritu Santu, Ken ta Bo presensia den mi bida,
E Beibel ku ta un lus riba mi kaminda,
Amigunan Kristian ku ta enkurashá i yuda mi.
Danki ku mi por enfrentá mañan, ku speransa,
pasobra Hesus ta biba den mi i pa mi.
Señor esta riku mi ta!
Tur loke mi por bisa ta "Danki mi maravioso
Señor i Rei!"

## MI DEBOSHON PERSONAL:

Mi ta bai kuminsá yama Dios danki, pa tur kos.

# Milagernan di
# Dios Riba Mi Kaminda Di Bida

Diariamente tin hopi milager ku ta pasa
riba mi kaminda di bida.
Muchu hopi pa menshoná.
Pero tin un di e hopi nan ei...
I esei ta mainta ora mi ta kore den mi outo bai trabou,
Den kareda di 6:15 tur dia,
E mesun ora...E mesun sitio...Riba mi kaminda,
Un grupo basta grandi di prikichi ta bula na trupa
huntu....
Pasa nèt riba e ruta ku mi ta kore.

Esei pa mi ta un símbolo,
Ku e Spiritu di Dios ta kompañá mi semper,
Riba mi kaminda.
Esei ta hasi mi trankil,
Ora mi tende nan gritunan segun nan ta bula pasa,
Nan ta grita animá otro pa sigui ku e buelo
Di dia a habri...Man na obra..!!

Nan ta laga mi kòrda,
Ku meskos e Spiritu di Dios ta enkurashá mi.
Pa sigui mi kaminda di bida
Di dia a habri...Man na obra...!!

Tin un tarea ta warda mi,
E mes ta bai na mi boka di trabou ku mi,
I ta ku mi henter dia ku Su Presensia i Su sabiduria,
Riba mi kaminda kompleto di bida.
Danki Señor, pa bo milagernan riba mi kaminda di bida.

# Guera, Oorlog, War...

Guera, Oorlog, War...
Un palabra ku nos a tende hopi den nos bida,
Un palabra ku nos a siña hopi di dje na skol,
Un palabra ku kasi semper a parse di
ta asina leu di nos.

Guera, Oorlog, War...
Un palabra ku nos ta tende hopi awor,
Un palabra di kua nos nietunan despues lo
siña di dje na skol,
Un palabra ku ya no ta asina leu di nos.

Guera, Oorlog, War...
Un palabra di kua nos ta mira awor e imágennan,
No pretu ku blanku, pero na koló,
Un palabra ku ta nifiká,
Bombardeo, tiramentu, matamentu, angustia.

Guera, Oorlog, War...
Un palabra ku ta mustra nos awe,
Beibi, mucha, hóben, adulto i ansiano,
Sakudí for di nan bibá trankil di tur dia.

Guera, Oorlog, War...
Un palabra ku ta nifiká, insiguridat, lágrima,
Miedu, rabia, heridanan di paden,
Set, hamber, nesesidat, desnudes, lágrima, ruina.

Guera, Oorlog, War...
Un palabra ku ta nifiká,
Famianan di sker for di otro,
Komunidatnan plamá for di otro.


Guera, Oorlog, War...
Un palabra ku ta nifiká,
Pèrdida di bida, di famia, di kas,
Di trabou, di material.


Guera, Oorlog, War...
Un palabra ku ta nifiká,
Oranan largu riba kaminda,
Pa buska un lugá kaminda no tin,


Guera, Oorlog, War...
Un palabra ku ta nifiká,
E afan pa bringa pa defendé bo pais,
E afan pa para pa hustisia,
E afan pa no permití enemigu sigui bai dilanti.


Guera, Oorlog, War...
Un palabra ku ta nifiká,
E afan pa pone brasanan huntu pa lanta
murayanan di protekshon,
E afan pa purba salba i protehá loke ainda por.


Guera, Oorlog, War...
Un palabra ku ta nifiká,
Ku loke tabata parse asina leu di nos,
Awor no ta sinti asina leu di nos mas;

Pero ta asina serka di nos,
Riba e pantaya dilanti di nos.

Guera, Oorlog, War
Algu ku kisas miéntras bo ta lesa,
Ainda no a kaba...

*Spiritual Eagle*
*26 di  febrüari 2022*
*Meimei di guera entre Rusia i Ukraina*
*Revisá na Òktober 2024 – Guera Israel*

## MI DEBOSHON PERSONAL:

Laga nos skùif un ratu di nos mes problemanan personal, i hasi orashon pa e tópiko aki. Pa e paisnan, ku kisas tin guera ma no ta menshoná den e teksto aki, pero tin hopi mas rònt mundu, ku ta den guera kontinuo. Spesialmente pa e abitantenan i nan lidernan.

Anto OJO: Mira e poema aki komo un ilustrashon di nos gueranan spiritual.

Nos ta prepará i ekipá nos mes pa e gueranan spiritual aki tambe?

Kua guera spiritual ta asotá bo bida?

# E Zòneblum, E Girasol

Meskos ku e girasol ta duna gran kantidat di simia,
Ku ta parse drùpelnan di awa,
Asina nos tambe mester,
Duna gran kantidat di simia di Evangelio,
Ku lo ta manera drùpelnan di awa,
Pa esnan ku ta risibié.

Meskos ku e girasol ta floria i produsí míles di simia,
Asina nos tambe mester floresé,
I produsí abundansia di simia,
Unda ku nos ta plantá,
E multiplikashon aki lo produsí,
Un bunita kosecha di kreyentenan,
Pa e Reino di Dios i pa Su Gloria.

Meskos ku e zòneblum ta bira den direkshon di e solo,
Asina tambe nos mester bira nos mes
pa Hesus e Lus di mundu,
Pa nos por produsí flor i simia,
Meskos ku e girasol.

Mi a skirbi esaki i ta kòrda riba nos rumannan na Ukrania den guera 2022.

E Girasol ta e flor nashonal di Ukrania.

E palabra Franses pa girasol ta "tournesol" ku ta nifiká 'bira den direkshon di e solo'. Un girasol ta buska e solo, i esaki ta ser yamá 'heliotropismo'. (Matanan di girasol yòn ta sigui e solo di ost pa wèst durante dia i despues, ta reorientá nan mes durante anochi pa banda ost den antisipashon di e salida di solo. 'Heliotropismo' ta optimalisá intersepshon di lus di matanan di girasol yòn, i ta oumentá esaki ku 10% òf mas.

Awor, nos ku ta siguidónan di e LUS, nos tambe mester sigui esaki i sigui nos Señor na tur momento i durante tur temporada di bida.

Un otro echo asombrante i sorprendente di girasol ta ku nan ta fantástiko ora ta trata di apsorbé toksina. A planta miónes di girasol despues di e aksidente nuklear na Fukushima, Hapon. Tambe a planta nan den sabananan na Chernobyl i Hiroshima. Girasol nan ta apsorbé konsentrashonnan haltu di materia tóksiko. Nan sistema efisiente di rais por ranka elementonan radioaktivo saka for di tera!

E mesun bèrdat aki nos por apliká den nos bida aktual: Hesus ta apsorbé nos toksínanan i E ta kita pikánan ku a akumulá, huntu ku nos karga i nos preokupashonnan.

Bo no ta keda asombrá pa Kreashon di Dios, di kua semper nos por saka lèsnan importante pa nos bida?

## MI DEBOSHON PERSONAL:

Lesa Génesis 1
- Ki lès spiritual bo a siña di e girasol ku bo ke apliká na bo bida?
- Bo ta rekonosé Dios komo e Kreador di tur kos?
- Ken bo ta adorá e Kreador òf e kreashon?

# My Friend

It takes more than words
To let you know how much it means to me,
To have you as a friend.
I can depend on you for understanding,
When I am confused.
I can depend on you for comfort,
When I am sad.
I can depend on you for laughter,
When I am happy.
I am so thankful to know,
That you are always,
My Friend.

*Written by a friend for me*
*1986*

# My Beloved Friend, Yet My Creator And LORD!

Oh, how I love to be near Him;
Oh, how I love to feel His breath;
Oh, how I love to touch Him;
Oh, how I love to hear Him speak;
Oh, how I love to look into His eyes;
Oh, how I love to hold His hands;
Oh, how I love to embrace Him;
Oh, how I love to kiss Him with my life;
Oh, how I love to be in His Presence.

Oh, how I love Him to be near me;
Oh, how I love Him to breathe on me;
Oh, how I love Him to touch me;
Oh, how I love Him to speak with me;
Oh, how I love Him to look at me;
Oh, how I love Him to hold my hands;
Oh, how I love Him to embrace me;
Oh, how I love Him to kiss me with His life;
Oh, how I love Him, to feel His Presence.

In September 20021, I fell and had an accident and broke my ankle.

I decided then to write this poem, as I could not hold in these feelings any longer and had to entrust them to paper. After getting to know one of my mentors, someone who really touched my life in the Spirit, after which I asked and prayed to the Lord for me to receive a double portion and the anointing that he has, the Lord showed me how it was in His days, when He was walking the earth, and how and why the crowds of people were following Him all over the place.

*Psalm 25:14*
*The LORD confides in those who fear him;*
*he makes his covenant known to them.*
*The secret of the Lord is with them that fear*
*Him and He will show them His covenant*

# LIVE IN PEACE
# WITH EVERYONE

Un par di aña pasa na Sèptèmber 2001, mi a slep kibra
mi ènkel.  Un di e promé versíkulonan ku a resaltá den
mi spiritu tabata:  ku Señor tabata ke perfekshoná mi
santidat. E ta bisa: 'Sea santu, pasobra Ami ta santu.'

Mi ta realisá awor kada dia mas i mas, ku ounke nos ta
pidi Dios pa nos mira Su Gloria,  Su Palabra ta bèrdat,
pues ningun hende lo por mira Su Gloria i biba. Pa motibu
ku nos ta karesé asina tantu di Santidat. Ta asina fásil,
asta pa nos komo Kristian pa nenga Señor.  Nos ta mustra
dede riba Pedro ku el a nenga ku e konosé e Maestro, pero
kuantu biaha nos tambe meskos ta nenga nos Maestro?
Ku nos pensamentunan, ku nos mal deseonan, tur e
biahanan ku nos ta pèrdè kaminda den e sumpiñanan,
pasobra nos ta keda i keda i bolbe keda bai nos mes
kaminda, i un biaha mas nos ta keda buska e kaminda
di kabritu, e kaminda supuestamente mas kòrtiku. Pero
ku ta pone nos dualu meskos ku e Pueblo di Dios a dualu
40  aña den desierto. Mi a topa ku e poema akí di 1984-
1985, ku un amiga ku ya ta serka Su Señor a skirbi. Mi
ta lag'é na e idioma original ku el a skirbié.

Geef dat mijn leven zij o Heer, een vrolijk brandend licht;
Een kaars, die altijd helder schijnt, waar ik ook mijn schreden richt.
Geef dat mijn leven zij o Heer, Een bloem, die vreugde geeft,
Tevreden bloeiend, waar mijn God, een plaats gegeven heeft.
Geef dat mijn leven zij o Heer, een blij, vertroostend lied,
Dat and'ren helpt om sterk te zijn, waardoor ik zelf geniet.
Geef dat mijn leven zij o Heer, een staf, der zwakken steun.
En dat ik niet op eigen kracht, verstand of voorspoed leun.
Geef dat mijn leven zij o Heer, een lofzang, U gewijd,
Een lied, dat zingt van blijde dank, om wat Gij voor mij zijt.

www.ingramcontent.com/pod-product-compliance
Lightning Source LLC
Chambersburg PA
CBHW031226120626
46545CB00003B/1018